Agonía de la mirada

Ana Torres Licón:
poesía y educación en los caminos de Honduras

Cuando la poesía es el puente no importa la distancia y cuando la pedagogía es la vida no importa la escuela. Eso aprendí en estos últimos días de noviembre y los primeros de diciembre cuando Anta Torres, abogada, profesora, poeta, ensayista, conferencista y promotora cultural recorrió las calles de esta hermosa ciudad El Progreso, Yoro en Honduras.

Llegó procedente de Ciudad Juárez – por su nombre asumo yo queda muy lejos – un páramo mexicano en donde la vida local se hace en silencio, según me contó, y la comunidad internacional cuenta cosas feas, según lo leo yo, pero Ana está segura que es un lugar maravilloso, de los mejores lugares del mundo, y cómo esos lugares, con la mala suerte de no ser de importancia en la agenda gubernamental. Sin embargo y después de hablar con Ana sobre su páramo, a muchos nos dan ganas de ir.

En su arribo por la terminal "A" (mera ironía) del aeropuerto Ramón Villeda Morales ubicado en el municipio de la Lima y mal intencionadamente otorgado a San Pedro Sula, Ana emergió erguida y elegante, sin perder su esmalte de poeta, pero glamurosamente impecable. Adrián Torres y yo la reconocimos de entrada y supimos que había llegado mucho más de lo que esperábamos.

Ana, su labor educativa y Honduras

Cuando vi a Ana plantarse frente a los alumnos de la escuela primaria Pedro P. Amaya (invitada por la profesora Mirian y la profe Marisela) y a los de la secundaria privada de la escuela

Eternity (gracias a la gentil colaboración de la profesora Ester Lizama) ambas instituciones de diversos contextos económicos, geográficos y sociales me di cuenta de la profesora en potencia que teníamos de visita. Comprendí por qué prefirió la escuela en la sierra Tarahumara a la oficina mercantil, por que una escuela en la periferia de la desértica Ciudad Juárez y no un bufete jurídico en un rascacielos de la gran ciudad.

Ana no sacó los libros de poesía, sino que habló con ellos y ellas de la vida, de las comunidades, de sus familias, de sus proyectos y de los versos que de niños o jóvenes pudimos haber escuchado. Charlando entre ellos soltó la pedagoga que lleva adentro y se dejó mover al ritmo de esas edades y se fue ajustando a las demandas que esas presencias le supusieron. Ana fue docente y amiga, poeta y compañera, conocedora y aprendiz.

Fueron tantos las emociones generadas que yo recuerdo con enorme satisfacción la interminable fila de jóvenes esperando que Ana les firmará un libro. O por otro lado verla ir con sus manos asidas a las de otros dos niños que fueron por ella al carro y la devolvieron a él, con un sentido enorme de protección y cariño que solo es posible cuando las sinergias humanas salen a flote y nos permiten abrazar la vida, y el amor, y construir puentes para los vínculos necesarios.

Ana, poeta en la Isla y compañera entre las mujeres

Aquella noche del lunes Ana se sentó junto a un grupo de mujeres y unos cuantos hombres liderada por Priscila Alvarado y Norma Cruz quienes la pusieron al día con la realidad hondureña y la lucha de las mujeres por cambiar esa realidad. Hablaron de la organización, de la necesidad de educación, de la libertad arrebatada, de la urgente acción necesaria anti patriarcal y sobre todo de cómo arrancar a Honduras de la dictadura que se impone.

Había estado el sábado, el día de su llegada, leyendo para las personas que quisieron llegar a Isla Poesía para conocer de sus dones y versos. En ambos espacios la poeta se presentó de manera genuina y comprometida con la causa. No hay dislexia entre su verso y su compromiso, entre su mensaje y su práctica. Se ajustó perfectamente a los momentos demandados y a las personas que le acompañaron.

Fiel a su estilo leyó poesía y contó de ella y del lugar del que salió para llegar acá. Habló con la gente que ya la conocía por que había leído su libro en la librería y con los que la conocieron de boca de los que fuimos hablando de ella, preparando el terreno, para su llegada y sus compartidas. Ana nos enseñó en su visita que se puede ser poeta, luchadora y soñadora, pero, sobre todo mujer en estos contextos machistas que habitamos.

El camino de regreso

Unas horas antes de volver al avión que la sacaría del maravilloso clima que la recibió en El Progreso para devolverla a las lluvias y fríos de Ciudad Juárez Ana tuvo tiempo de ver un poco de otros lugares más en el afán de disfrutar que de trabajar los temas artísticos que la trajeron.

Conoció el caribe hondureño desde dos puntos importantes uno en el departamento de Cortés y el otro en el departamento de Atlántida. En el segundo Ana se sumergió en las aguas de la comunidad de El triunfo de la Cruz por donde emergieron a Honduras alguna vez nuestros hermanos garífunas y en el otro – el primero y con la complicidad de las profes de la escuela Pedro P. Amaya - en la vía de importación y exportación más grande de la región. Tierra adentro se sumergió en las cuevas de Taulabe, en las riveras del Lago de Yojoa y entre los pasillos del Mercado Guamilito. Saboreo todo lo que pudo y compartió todo lo que trajo. Aún hay cosas en el helador esperando por ser compartidas con las mujeres que ella trajo consigo.

No sabemos con certeza cuánto se llevó de acá, pero si afirmamos sin vacilar que la visita de Ana ha valido la pena y que disfrutamos su presencia en cada momento. Gracias por tus entregas y lo que haces. Gracias por demostrar que en el arte las fronteras no existen y que mientras haya artistas dispuestos a compartir su don y no a venderlo la cultura seguirá viva y posible entre los seres humanos.

Chaco de la Pitoreta

Abatimiento

¿Dónde está la esperanza?
 oculta en el verdor del bosque,
inmersa en el corazón del hombre
o encarnada en un recién nacido.
¿Dónde encontraré la esperanza?
¿ En el enfermo que implora?
¿En las manos frías de un anciano?
Abandoné la esperanza
y ahora me esquiva,
me mira con desdén,
escupe mi rostro,
patea mi fe.
No la culpo,
no sostuve su mano.

Canción de cuna

Reposen, duerman, descansen,
 al cabo sus vientres están plenos
no de hambre ya saciada,
de parásitos que hacen mudanza
al vecindario cefálico.
Dulces sueños,
mientras mueren en la inconciencia
creyendo que el pan, la casa y la vida
son suficientes para todos.

Envidia

No sé. Solo me llega este celo

por las pestañas que reposan

en tus ojos

cual leve aleteo de mariposa

en cada parpadeo,

mientras yo

tan solo observo el polvo

sobre el lóbrego reloj que marca

el paso de mis días.

Inspiración

Mis ojos, venero de caudal impetuoso.

Y la música en la radio

guillotina que vuelve mis pensamientos

bahía desierta

en la que encallan mis versos.

Tarjeta postal

Esperando en el postigo de la existencia,

observo la senda que me condujo

a este nuevo punto de partida.

Veo mi perfil,

memoria, olvido, risa, agonía,

cual piedra herida,

paisaje absurdo e ironía.

Edades

Cuando éramos niños
corríamos cargando
ilusorios proyectos.

Florecíamos ante el expectante futuro
en el juvenil transcurrir
de nuestras mocedades.

A pesar de los años
que nos persiguen con sigilo
y la levedad de los días
que pasan sin sentirlo,
aún somos jóvenes.

La mortaja parece lejana,
la miramos con el rabillo del ojo,
asistimos a los funerales,
vemos la marcha de los que nos preceden.

El bullicio no deja darnos cuenta
que la vía láctea ciñe nuestra frente,
que el constante andar de las masas
nos conduce por las veredas,
y olvidamos las dudas sobre el futuro
solo hasta que cae la noche.

Entonces en la soledad de mis pensamientos,
me doy cuenta que yo soy el niño que brama de hambre;
el anciano que arrastra sus pies por las calles.

Por las Noches

El sueño me vence,

sólo en las ensoñaciones

veo el rostro de mi madre,

escucho la voz de Dios

llamándome y acaricio

las razones para seguir viviendo.

Despierto soñando.

Sólo sé

¿Quién eres? ¿Qué oculta tu mirada?
de tus pensamientos tengo noticia,
de tus deseos evidencia y hora cierta
pero no de tu mente y de tu risa.

¿Eres nítido cristal, o terciopelo impostor?
No sé, en tus amenidades,
sé de tu encanto y tu avaricia,
tus arrebatos e irreverente audacia.

Yo no sé si eres suerte o desdicha,
si eres realidad o ensueño,
caudal, o carencia mía.

Sorda campanada
o profusa pólvora inerte,
sólo sé que el atardecer me ha ungido,
sólo sé que en esta nebulosa, yo te amo.

En Reposo

Pongo mi cabeza en el viento,

descanso tranquila en el vacío,

e izo mis pensamientos cual bandera

sin afán, sin esperanza, ni expectativa.

Mas no dejaré que me visiten las quimeras,

ni dejaré la memoria fugitiva,

recorreré coordenadas bien conocidas.

Aunque los fulgores de la victoria

parecen distantes,

la antorcha paciente

no abandonarán mis manos

No temeré a la temporal agonía,

ni pereceré antes de mi deceso,

pues aunque en reposo,

                    no estoy inerte

Deleite

Huellas dactilares que surcan el infinito
sin desdén, ni juicio, ni reproche,
se deslizan como tímido peregrino
que recorre inconsciente el feudo propio.

Conquista de terrenos borrascosos
entre valles, acantilados y montes:
resquicios de lugares olvidados.

Ciénegas dormidas henchidas de plenitud,
hambrientas de gozo.

Tras el deseo satisfecho
no hay vencedor ni vencido,
solo rendición ante el placer
y sucumbir frente al propio rostro.

Mi Caballo

Tu nívea crin me ha hechizado,

al mirar tu galopar presuroso

veo el oleaje del mar en tu cuerpo,

descubro fuego en tus ojos.

Es tu estampa belleza y galanura,

conjunción de lealtad serena,

 fuerza bestial y moderada.

Con reserva te domina una brida,

con respeto se monta tu lomo,

 eres criatura excepcional

de impetú belicoso, nobleza

extrema que no requiere espuela.

Es tu trote el ritmo

que mi corazón acompasa,

cabalgata que aminora mi pena.

Unicidad

Miro los edificios,

el mundo construido por hombres,

donde habitan, respiran

afán y exhalan ironía.

Sus mentes galopan huidizas

y sus corazones pasmados.

Son sus noches aflicciones y tortura,

rechazan el reposo que la oscuridad ofrece.

El silencio los hostiga y danzan

acompasados al sonido de los metales.

El hambre y la sed les son desconocidas.

Sin espíritu los hombres braman,

se aparean, son acechados por quimeras.

Disputan y devoran la carroña.

Y cuando siembran, se lían,

sonriendo, enmudecidos, se envilecen,

alegres el cenit contemplan,

pero el dolor se apodera de su entraña
y ceden ante la inmensidad del cosmos.

Pronto se recuperan y arrebatan
a la tierra flor y fruto,
hacen arder el oceano.

Muerte y hombre son uno solo.

Modales en la Mesa

Si la vida fuera una mesa,

pediría que fuese redonda,

que los poderosos no recargaran

los codos sobre el tablero,

 y que los pobres comieran con la boca llena.

Si las reglas de urbanidad existieran en la vida

solicitaría que se extinguiera la vigilia,

aboliría el uso de cubiertos:

inútil hábito de fingida cortesía

(como si no usáramos la lengua viperina,

despotricando del débil pisoteado).

El postre y el café serían prohibidos

mientras la justicia fuera utopía.

Vigilaría los modales en la mesa,

con el rigor de un anciano,

y la sabiduría de un niño.

Corazón de alcachofa

Recubierto de escamas imbricadas
se encuentra el centro
de tu intenso corazón
resguardado
custodiado por tu rostro
adusto, tu gesto huraño,
tu mirada retadora,
tus hoscos ademanes.

Quién podría imaginar
que detrás de cada capa
hay un sentimiento,
fibras sensibles
resquicios de dolores,
males antiguos,
 intensos desamores.

 Infranqueable muralla,
donde palpitaciones
se adormecen
y se vuelven lentas
porque has ocultado
aquello que te hace humano,
aquello que te hace sentir vivo.

Te deleitas ante los placeres,
olvidas tus adentros.

Pero no puedo
irrumpir tus cubiertas,
soy incapaz
de llegar al centro
de tus sentimientos
de tus aflicciones,
de tus deseos.

Me conformo
con decirte,
que he encontrado,
un bosquejo
de lo mucho que se encuentra
misteriosamente oculto,
muy adentro, en el interior.

Sensorial

Mastico el silencio,

escupo palabras,

percibo el viento

que suspira.

Huelo a desolación,

transpirando tristeza,

palpo tu ausencia

sentada junto a mi.

El menaje se apodera de la casa,

 habito sin vivir allí.

Ana Torres Licón

Mujer

Mujer de barro, de arena,
 con fuego en la sangre,
que obedece a las mareas.

Mujer de primavera:
que luce los primeros brotes,
que florece, con orgullo henchido
emergiendo desde la tierra.

Mujer de verano vehemente,
que de dorado se tiñe
como nutritivas mieses,
y garbosamente resplandece
aderezada con flores y frutos.

Mujer de otoño, matizada
de ocres y marrones,
que mira fenecer la tarde,
con la esperanza cierta,
que vendrán nuevas cosechas.

Mujer de invierno,
debatiéndose entre la nostalgia,
y la melancólica noche
que se vuelve oscura y fría;
que valiente resiste el gélido
temporal adverso y avante
continúa esperando
que la madre tierra
prosiga su danza,
su eterna ronda,
 gira y baila: ¡jubilosa!
 antes del génesis.

Hibernación

El silencio cruje como escarcha,

y la luz opaca el luto que guardo.

Pienso en las bahías de sirenas encalladas,

me sumerjo en los dolores de parto

del vacío de los días de enero.

Demencia

En el entramado de mis pensamientos hay laberintos que se inundan,

recovecos y resquicios que albergan reminiscencias y olvido,

habitados por ausencias que custodia el Cancerbero.

Los demonios se han mudado y los muertos bailan desnudos.

Si me llaman loca no negaré mi padecimiento,

Pues acepto que carezco de sensatez y prudencia.

Espero la piedra que se lance en mi contra

así construiré una muralla que preserve mi locura,

abrazaré mis manías mientras miro el mundo,

desde lo alto recolectaré estrellas

y las esparciré con regocijo y denuedo.

Que me llamen loca cuando beso el cielo,

mientras las mañanas colorean mis mejillas,

cuando mi sangre se embriaga de lluvia.

¡Si!, soy demente y no lo niego.

Para ti

Solo deseo

que la luna acaricie tus sueños,

mientras reposas sobre el musgo;

que los nenúfares sean tu camino,

y cuando las mariposas regresen salvas

sepas encontrar la belleza en sus alas.

Diseño y diagramación: Héctor - Chaco de la Pitoreta - Flores
Poemas: Ana Torres Licón
@ Ana Torres Licón / AteA editorial